DISCOURS

PRONONCÉS

Par MM. L. Roubaud, Lieutaud & A. Langlade,

SUR LA TOMBE

DE M. POTIER

Notaire à Aubagne

Le Vendredi 7 Mai 1875

MARSEILLE

TYPOGRAPHIE ET LITHOGRAPHIE MARIUS OLIVE

RUE SAINTE, 39.

—

1875

DISCOURS

PRONONCÉS

PAR MM. L. ROUBAUD, LIEUTAUD & A. LANGLADE,

SUR LA TOMBE

DE M. POTIER

Notaire à Aubagne

M. Potier, ancien notaire à Aubagne, vient de mourir à l'âge de 62 ans, après une postulation de 35 années. Ses obsèques ont eu lieu vendredi 7 Mai 1875, à Aubagne; elles ont été célébrées au milieu d'un concours immense de parents et d'amis dont quelques uns étaient venus des localités environnantes ; pour mieux dire la population toute entière de cette petite ville s'était associée à ce deuil. Parmi les nombreuses personnes qui figuraient dans l'imposant cortège on distinguait toutes les notabilités de la ville d'Aubage, M. le président de la Chambre des Notaires de Marseille, divers notaires et avoués de cette ville qui tous avaient voulu honorer d'un dernier témoignage d'estime le notaire austère et zélé et l'homme privé dont la modestie et l'affabilité rehaussaient la science et le mérite.

Sur le bord de la tombe trois discours ont été prononcées: l'un par M. le président de la Chambre des Notaires, l'autre par M. Lieutaud, successeur du défunt, le troisième par M. André Langlade, ancien maire d'Aubagne et président du *Cercle Français*; ces discours, écoutés dans un religieux silence, ont vivement ému la foule des assistants qui se pressaient dans l'enceinte funèbre. Puissent ces témoignages d'universelle sympathie adoucir les regrets d'une famille éplorée.

DISCOURS

DE

M. le Président de la Chambre des Notaires

MESSIEURS,

Il y a quelques mois à peine que, vaincu par la maladie, M. POTIER s'était vu contraint de résigner ses fonctions de notaire. Depuis lors notre chambre de discipline avait pris à son égard une délibération par laquelle, rendant hommage à sa longue et honorable carrière notariale, elle avait décidé de le rattacher à notre compagnie par les liens de l'honorariat et de solliciter pour lui cette distinction. Hélas! notre vœu ne pourra être rempli; mais du moins nous pouvons parler de lui et lui adresser nos suprêmes adieux comme étant des nôtres et n'ayant cessé de nous appartenir.

C'est le 24 septembre 1840 que M. Potier avait été investi de ses fonctions, et n'avait pas négligé de se mettre par une forte préparation à la hauteur de l'honorable profession qu'il devait embrasser. Dans ce but, il ne s'était pas contenté du travail pratique et spécial du candidat; il avait joint aux études classiques, dont sa conversation conservait le reflet, l'étude du droit et obtenu le grade de licencié. Aussi, son aptitude fut-elle parfaite et devint-il, par l'effet de l'étude et de l'expérience, un homme d'affaires consommé.

Vous avez tous été témoins, Messieurs, de cette vie de travail consacrée aux siens et à ceux d'entre vous qui avez eu recours à son ministère. Or, se dévouer incessamment à sa famille et à ses fonctions, c'est accomplir sa tâche noblement, c'est la remplir tout entière : et, si modeste que paraisse cet éloge lorsqu'on peut le faire en toute vérité, c'est bien le plus rare et le plus beau par lequel on puisse sceller une vie qui s'éteint.

L'honorabilité de cette existence et les rapports parfaits que M. POTIER avait avec nous, ses confrères, appelaient de notre part un témoignage d'estime et de sympathie. Nous le lui donnâmes plus d'une fois dans nos entrevues d'affaires ou nos assemblées réglementaires, mais nous ne le pumes officiellement que dans la faible mesure qui nous appartient en l'élisant par nos suffrages membre de notre chambre de discipline. Il y entra en 1859 et nous n'avons pas oublié la part considérable qu'il prit en cette qualité à la discussion de questions qui étaient alors pour nous d'un grand intérêt.

Quand le dévouement est la source du travail, ce mobile s'étend à toutes choses. Il fait le chef de famille accompli, comme époux et comme père. Il en fait l'objet des plus vives affections et des plus tendres respects.

Tel était M. POTIER, et si en rappelant ses qualités privées qui faisaient de son intérieur ce refuge si doux et si précieux que tout foyer devrait offrir contre les agitations et souvent aussi contre les déceptions de la vie, si, dis-je, je m'expose à rendre plus amers les regrets que sa perte inspire à sa vertueuse compagne, à ses enfants, à toute sa famile désolée, je suis assuré d'autre part que le souvenir de ses vertus domestiques sera pour eux une de leurs meilleures consolations.

La plus précieuse de toutes, c'est la fin chrétienne de l'époux et du père qui les quitte, du confrère que nous perdons. Certainement il resta toujours sagement éloigné de ces innovations violentes et de ces pernicieux principes qui troublent et dissolvent les sociétés en même temps qu'ils tarissent dans le cœur de l'homme les sources de tout véritable bonheur. Au milieu de cette excellente ville d'Aubagne qui sait se préserver d'une contagion, hélas, trop répandue, il se montra constamment et sincèrement attaché à ces vérités immuables dont la lumière est indispensable pour éclairer la marche progressive d'un peuple, comme la destinée de chacun de nous. Mais à ces exemples excellents il a su joindre cet exemple solennel des souffrances et de la mort du chrétien. C'est là, pour sa famille, pour ses confrères, pour ses amis, pour tous ceux qui le pleurent, le gage de l'éternelle félicité qui sera là-haut sa récompense et son partage, et au sein de laquelle il les attend.

DISCOURS

DE

M. LIEUTAUD, successeur du défunt

MESSIEURS,

Avant de laisser fermer cette tombe, je crois qu'il est de mon plus strict devoir de me faire l'interprête des sentiments que nous ressentons tous, et d'adresser quelques mots d'adieu à celui que la mort vient de nous enlever.

Né à Aubagne, en l'année 1813, M. POTIER était à peine âgé de 62 ans. Nul de vous n'ignore, Messieurs, qu'il fut avant tout le fils de ses œuvres. Les ressources de sa famille étant limitées, il dut s'imposer les plus grands sacrifices et faire une abnégation complète de sa personne pour atteindre le rêve qu'il caressait.

C'est en 1840, à l'âge de 27 ans, que M. POTIER put obtenir le couronnement de ses nombreux efforts et qu'il devint titulaire d'une étude à Aubagne ; depuis cette époque jusqu'au moment où, subissant les premières atteintes du mal qui devait l'emporter, il dut prendre une retraite forcée, après une postulation de 35 années. Quelle carrière a été plus honorablement poursuivie et mieux remplie que la sienne ? Je vous le demande à vous tous, Messieurs, qui, plus heureux que moi, avez pu apprécier tout ce qu'il y avait de grand et de généreux dans ce cœur.

Entièrement voué à sa profession, qu'il a exercée avec une énergie et une intelligence peu communes, il a su, au milieu de ses nombreuses préoccupations, conserver une égalité d'humeur qui faisait que tous recherchaient sa fréquentation.

Bien qu'il n'eût jamais ambitionné les honneurs, vous l'aviez élu à diverses reprises conseiller municipal, et dans ce poste difficile où les meilleures intentions sont souvent mal interprétées, plus souvent méconnues, il sut encore se faire apprécier de tous et rendre des services signalés.

Grâce à l'aménité de ses rapports, il s'était constamment attiré l'estime de ses confrères qui, après l'avoir choisi comme membre de la chambre de discipline des notaires, avaient pris l'initiative de lui faire conférer la distinction de l'honorariat, qu'il avait si justement mérité.

Il me serait facile de dire bien d'autres choses à la mémoire de celui que nous pleurons ; mais, je le répète, vous avez pu l'apprécier. Ce sont les impressions de vous tous que je viens de traduire.

Je dois vous dire maintenant ce que j'ai pu voir et sentir moi-même pendant les trop courts moments qu'il m'a été donné de passer avec mon regretté prédécesseur. Eh bien ! Messieurs, j'ai vu un homme affaissé par la maladie et néanmoins en pleine possession de lui-même, subir, avec une résignation que je puis qualifier d'héroïque, toutes les diverses phases de cette maladie dont il ne connaissait que trop le dénouement fatal. Oui, Messieurs, tant que ses forces le lui ont permis, je l'ai vu sourire à une famille éplorée, pour essayer de la tromper sur les souffrances morales qu'il devait certainement endurer.

Pas une plainte, pas un regret qui soit sorti de sa bouche, et cependant, Messieurs, n'eût-il pas pu être tenté d'élever des doutes contre la Providence. Cet homme qui, parvenu à réaliser une position honorable au prix d'un travail lent, consciencieux et infatigable, comprenait qu'il fallait, en quittant ce monde dans un avenir rapproché, renoncer à un bien-être si légitimement acquit, et renoncer surtout à l'affection d'une famille qui lui rendait la vie d'intérieur si agréable.

Ah ! qu'il me soit encore permis de vous dire à ce sujet, Messieurs, que si les soins les plus affectueux avaient pu arrêter l'heure fixée par Dieu, celui que nous pleurons vivrait encore !

Tout ce qui était humainement possible de faire pour l'arracher à la mort, on l'a tenté, et c'est là une grande consolation pour ceux qui survivent et qui sont si dignes de l'intérêt de tous.

Les consolations de la religion ne lui ont pas fait défaut, et cet homme probe, dont la carrière a été si dignement remplie, a su la terminer en bon chrétien.

Pour rendre moins cruels les effets de cette perte, étendons, Messieurs, nos regards au-delà de la tombe, et, pleins de foi comme il l'était lui-même, songeons à sa vie éternelle qui a commencé. Alors, nous inclinant devant les desseins du Dieu qui, dans ses vues pleines de justice, abrège ou étend la mesure de nos jours, nous nous garderons de tout murmure, si grand que soit le sacrifice, car M. Potier est certainement déjà en possession des récompenses éternelles.

Désormais, affranchi des misères d'ici-bas, la part de celui que nous accompagnons de nos larmes, nous paraîtra meilleure que la nôtre, et dans cette persuasion de foi chrétienne, nous nous sentirons plus courageux et plus résignés, en pensant surtout que tant de vertus, d'intelligence et de bontés n'auront pas été entièrement ensevelies dans cette tombe.

DISCOURS

DE

M. André LANGLADE, ancien Maire d'Aubagne
et Président du *Cercle Français*

Messieurs,

Vous venez d'entendre les paroles touchantes que la mort de M. Potier Marius a inspirées à ses collègues.

Les Membres du *Cercle Français*, frappés si souvent depuis quelques années, doivent un adieu tout spécial à leur ancien président.

M. Potier a rempli longtemps avec distinction les honorables et difficiles fonctions de notaire à Aubagne. Il a brillé dans les conseils de la commune où ses avis, pleins de verve et de bon sens, faisaient toujours impression et s'est associé, dans une large mesure, à toutes les réformes nécessaires, à toutes les entreprises utiles. Dans nos modestes réunions, il se reposait de ses fatigues par des causeries d'un ton délicat et spirituel.

Ces qualités aimables qui font le charme des relations dans

le monde, il les rehaussait dans l'intérieur de la famille par un dévouement absolu pour les siens.

En vain, depuis plusieurs années, ses meilleurs amis lui conseillaient un peu de repos.

Travailleur infatigable, il ne devait s'arrêter que pour mourir.....

Fier d'une position péniblement acquise, il tenait à la transmettre directement à son fils, et c'est alors qu'on le vit lutter avec énergie contre de silencieuses préoccupations, hélas ! trop justifiées. Comme il avait hâte que le fils eût terminé ses études au collége ! Comme il attendait avec anxiété la fin de ses épreuves militaires ! Et ce fut précisément à l'heure du retour, quand le moment du repos semblait enfin venu, qu'il fallut céder à l'inexorable nécessité.....

Le sacrifice était grand. Vaincu par la mort, notre collègue s'y soumit simplement, sans murmure, et les dernières heures de sa belle intelligence furent consacrées tout entières à sa famille et à Dieu.

Ainsi devait finir une vie d'abnégation et de travail, par un acte solennel de résignation aux volontés souveraines du Créateur.....

Grand exemple qui ne sera pas perdu pour ses amis !

Puisent leurs regrets unanimes et profonds adoucir l'amertume d'une trop cruelle séparation !..

Marseille. — Typ. Marius Olive, rue Sainte. 39.

www.ingramcontent.com/pod-product-compliance
Lightning Source LLC
Chambersburg PA
CBHW060933050426
42453CB00010B/1988